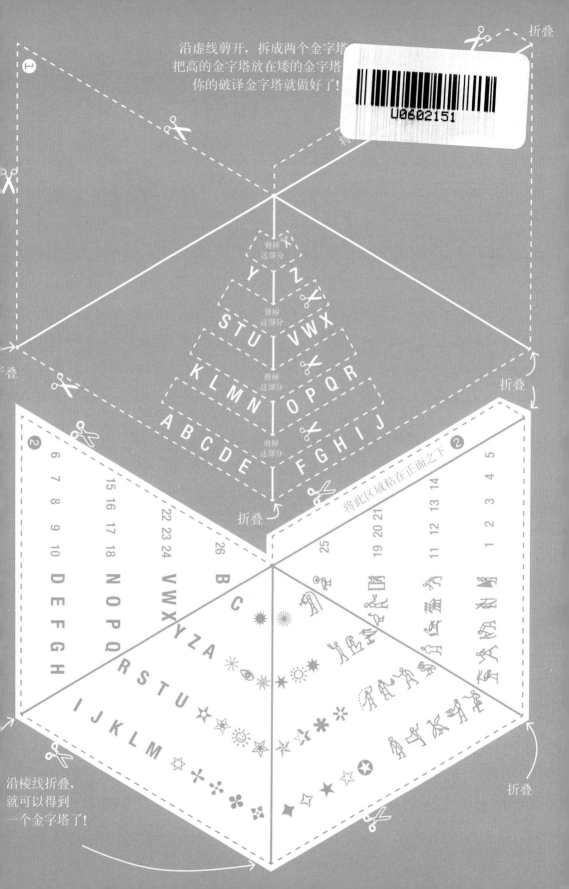

沿虚线剪开，拆成两个金字塔
把高的金字塔放在矮的金字塔
你的破译金字塔就做好了！

折叠

U0602151

剪掉
这部分

Y Z

剪掉
这部分

S T U V W X

剪掉
这部分

K L M N O P Q R

剪掉
这部分

A B C D E F G H I J

折叠

将此区域粘在正面之下

折叠

① 折叠

② 折叠

6 7 8 9 10   15 16 17 18   22 23 24   26   B C   25   19 20 21   11 12 13 14   1 2 3 4 5

D E F G H   N O P Q R   V W X Y Z A   R S T U   I J K L M

沿棱线折叠，
就可以得到
一个金字塔了！

SHERLOCK HOLMES

少年大侦探·福尔摩斯探案笔记

埃及奇案

Textes: Sandra Lebrun
Illustrations: Loïc Méhée

〔法〕桑德哈·勒布伦 编
〔法〕洛伊克·梅黑 绘
李丹 译

深圳出版社

内容导航

埃及十大奇案

人物介绍

夏洛克·福尔摩斯
私家侦探

华生医生
福尔摩斯永远的朋友

悠悠
福尔摩斯的侦探犬

使用说明
福尔摩斯和华生医生需要你的帮助！

要帮助福尔摩斯他们，你需要使用以下工具解开谜团：

1. 过滤镜

 用来查看那些隐藏在红色阴影中的线索，也可以用它核对每页底部的答案。

2. 破译金字塔

 藏在前衬页，是两个可以套在一起的金字塔。首先，你要按照提示把它们拼好。其中，有镂空窗口栏的是外金字塔。你可以旋转内金字塔，把需要的信息通过窗口栏显示出来，并和外金字塔上的字母相互配合，破译数字、字母或者图形密码。

3. 不要忘记使用你的观察识别力和逻辑推理能力！

  这两个图标提醒你需要使用其中1个或2个工具才能解开谜题。

 问号提醒你只须观察，或者开动脑筋思考！

每一次调查都分为三个步骤：

① 你要解答 4~5 个谜题，每解开 1 个谜题就能得到 1 条线索。

② 把得到的线索汇集到每个案件的"调查结果"页上。

③ 集齐所有线索后，就可以排除一些错误答案，帮助福尔摩斯破案。

如果你不想在书上写字，也可以在自己的笔记本上记录你找到的线索。

准备好了吗？赶快翻到下一页吧！

福尔摩斯正等着你！

失踪的埃及学家

考古队员们感到惊慌失措,因为埃及学家独自一人进入金字塔,然后杳无音信! 考古队员们向福尔摩斯求助,也请你助福尔摩斯一臂之力。

  谜题1

考古队中的一位专家有关于案件的重要线索。为了理解她的话,你需要用过滤镜观察红色阴影部分,然后拿出破译金字塔,把对话框中的图形替换成对应的拼音字母,再加上合适的声调,就能获得线索。

线索1

把你找到的信息写下来:

_____

_____

这是第1条线索。它能帮你排除第9页的一个地点。

答案

一位考古队员拿出埃及学家留下的一张纸条，上面也许有线索。先帮华生完成笔记本上的算术题，然后拿出过滤镜观察考古队员手中的纸条，找到算术题答案所对应的词语，就能知道埃及学家已经去过哪个地方了。

$$9-(\quad)+4=8$$

算术题的答案是几？这个数字对应红色阴影中的哪个词？

线索2

把你找到的词语写下来：..............
....
这是第 2 条线索。它能帮你排除第 9 页的一个地点。

答案

⑤

福尔摩斯点燃火把，带领侦探小组进入金字塔寻找埃及学家。不一会儿，侦探们在壁画上发现了埃及学家留下的记号。

轮到你出场了，拿出过滤镜，找到隐藏在红色阴影中的 4 个汉字，看看埃及学家去过哪里。

你找到了哪些字？把这些字按从上到下的顺序排列，能得到哪个地点？

答案

线索3

把你找到的信息写下来：

这是第 3 条线索。它能帮你排除第 9 页的一个地点。

悠悠带领福尔摩斯和华生在金字塔内搜索，尽管它的嗅觉很灵敏，但是现在什么都没找到。

拿出你的过滤镜，帮悠悠在这个错综复杂的迷宫中找到正确的路，并按顺序搜集路上的图形符号，然后拿出破译金字塔，找出这些图形符号对应的拼音字母，再加上合适的声调，就能知道侦探们现在所处的位置。

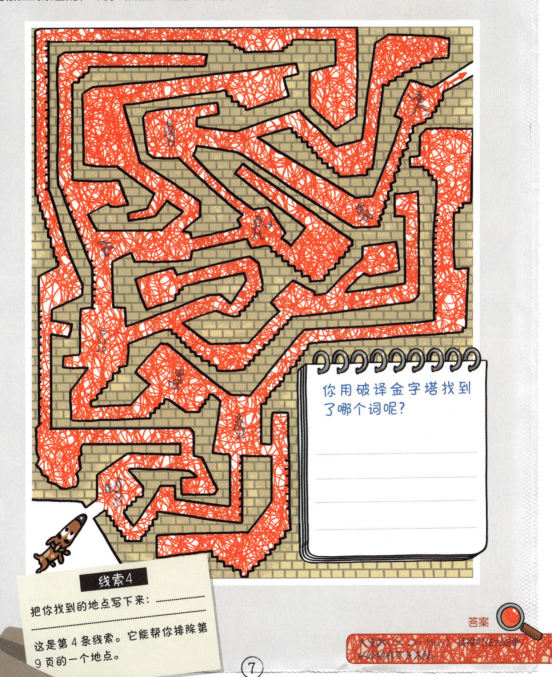

你用破译金字塔找到了哪个词呢？

线索4

把你找到的地点写下来：＿＿＿＿＿＿＿＿

这是第 4 条线索。它能帮你排除第 9 页的一个地点。

答案

干得漂亮！悠悠找到了埃及学家的笔记本。这证明埃及学家来过这里，他还把看到的东西画了一张草图。

帮助华生把只有一个黑点的方框用笔涂黑，你就会得到埃及学家的画。

画中是什么东西？由此可以推断埃及学家去过哪里了？

线索5

把你找到的线索写下来：

这是第5条线索。它能帮你排除第9页的一个地点。

答案

失踪的埃及学家
调查结果

　　华生画了一幅金字塔的内部结构图。福尔摩斯需要汇总和案件有关的所有线索，找到埃及学家并把他带出金字塔。

　　快来和福尔摩斯一起汇总第4—8页得到的地点，逐一排除，看看埃及学家到底在什么地方。

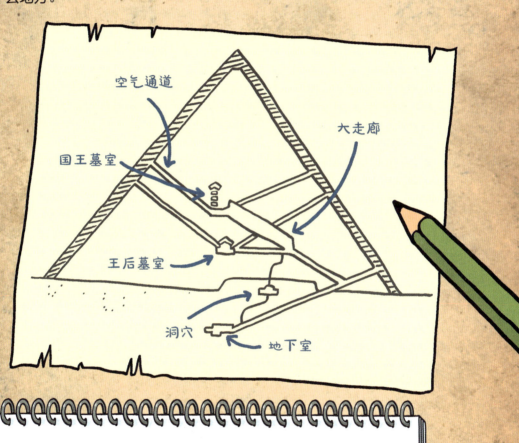

空气通道

六走廊

国王墓室

王后墓室

洞穴

地下室

线索1:＿＿＿＿＿＿＿＿＿＿　　线索4:＿＿＿＿＿＿＿＿＿＿

线索2:＿＿＿＿＿＿＿＿＿＿　　线索5:＿＿＿＿＿＿＿＿＿＿

线索3:＿＿＿＿＿＿＿＿＿＿　　答案:＿＿＿＿＿＿＿＿＿＿

答案

法老的猫不见了

法老心急如焚，他最喜欢的猫不见了！法老认为一定是有人绑架了他的猫，究竟是谁干的呢？请你帮助福尔摩斯解开这个谜团。

  谜题1

太可惜了，华生来晚了一步！女清洁工刚刚打扫完王宫的地面，地上的脚印都不见了。

拿出你的过滤镜，找出红色阴影中的数字，然后借助破译金字塔，把这些数字替换成对应的拼音字母，再加上合适的声调，看看女清洁工说了什么。

你得到了什么信息？

_____

_____

线索1

把你找到的动物写下来：

_____

这是第1条线索。它能帮你排除第15页某只动物的嫌疑。

🔍 答案

法老的猫躲在花盆后面，吃鱼呢。

王后坚定地认为某只嫌疑动物是无辜的。

帮助福尔摩斯将下图中的数字按照从小到大的顺序连接起来（从 1 开始），看看王后画了什么。

悠悠来到法老的花园，找池塘里的鸭子询问情况，也许会有线索。
把鸭子的话从最后一个字开始向前读，就能明白它说了什么。

答案

池塘中不只有鸭子，这里也是鳄鱼的乐园。鳄鱼游向岸边，它也有话要说……

拿出破译金字塔，把对话框中的数字替换成对应的拼音字母，再加上合适的声调，看看鳄鱼说了什么。

福尔摩斯和华生在法老的马厩里转了一圈。马夫说他可以提供线索，以便排除某只动物的嫌疑。

拿出你的过滤镜，看看地上都有什么？你能排除谁的嫌疑呢？

法老的猫不见了
调查结果

华生把有嫌疑的动物全部召集过来。在找出罪犯之前，福尔摩斯先让它们做自我介绍。

汇总第 10—14 页得到的线索，逐一排除，找出是谁绑架了法老的猫。

线索1:

线索2:

线索3:

线索4:

线索5:

答案:

答案

忧心忡忡的王后

王后不能泡驴奶浴了! 她刚刚得知挤奶桶里的驴奶全都不翼而飞。这样的话, 她怎么能拥有光滑的皮肤呢? 幸好, 福尔摩斯和他的侦探小组可以帮她找出罪魁祸首, 不过, 他们也需要你的帮助。

? 谜题1

王后心神不宁, 说话有点儿语无伦次, 但她想提供帮助以便尽快破案。拿起你的书, 走到镜子前, 从镜子里读一读王后的话。

王后说了什么?

_____

答案

线索1

把你找到的动物写下来: ....

这是第1条线索。它能帮你排除第21页的某个嫌疑犯。

公主向华生提供了一个重要的细节。

　　拿出你的破译金字塔，将对话框中的字母替换成和破译金字塔内层对应的字母，你会得到一组汉语拼音，再加上合适的声调，就能知道公主说了什么。（例如：将 T 换成 W，将 L 换成 O，组合成 wǒ。）

线索2

把你找到的人物写下来：..............

这是第 2 条线索。它能帮你排除第 21 页的某个嫌疑犯。

　　悠悠在王宫里转悠，走到湖边时停了下来。鸟儿们七嘴八舌地想要提供线索，但悠悠根本听不清它们在说什么。

　　拿出你的过滤镜，按照从左到右的顺序，把所有气泡框里的字连成一句话，就能明白鸟儿们的意思。

线索3

把你找到的动物写下来：⋯⋯⋯⋯⋯⋯⋯⋯

⋯⋯⋯⋯⋯⋯⋯⋯⋯⋯⋯⋯⋯⋯⋯⋯⋯⋯⋯⋯⋯

这是第 3 条线索。它能帮你排除第 21 页的某个嫌疑犯。

答案

王后的侍女惊慌失措，说话也支支吾吾，她知道王后对自己的皮肤是多么地重视。不过，侍女对一件事十分确定。

拿出你的过滤镜，把对话框里的语气词（"啊"或"呀"）画掉，帮福尔摩斯理解侍女的话。

侍女说了什么？

线索4

把你找到的动物写下来：＿＿＿＿＿＿＿

这是第4条线索。它能帮你排除第21页的某个嫌疑犯。

答案

忧心忡忡的王后
调查结果

华生召集来所有嫌疑犯，他在思考谁能对王后做出这样的事情。此时，福尔摩斯心中已经有了答案。

根据第 16—20 页找到的线索，将嫌疑犯逐一排除，找出是谁偷了王后泡澡用的驴奶。

我给王后提供沐浴奶，为此我感到非常骄傲！

我对奶消化不良，肯定不是我！

我是鸟类，我不喜欢奶。

我自己就有奶！

我皮肤光滑，不需要奶浴！

线索1:

线索4:

线索2:

答案:

线索3:

答案

(21)

书吏的噩梦

书吏不敢相信自己的眼睛，竟然有人敢在王室家族故事上乱写乱画！为了找到始作俑者，他向福尔摩斯寻求帮助。

 谜题1

福尔摩斯和华生仔细查看书吏的画，也许会有重要信息。

用过滤镜找出红色阴影中的图形，然后借助破译金字塔，把这些图形替换成对应的拼音字母，再加上合适的声调，看看画中有什么线索。

我只知道不是这个人！

画中的拼音是什么？

这是第1条线索。它能帮你排除第27页某个人的嫌疑。

线索1

把你找到的信息写下来：

答案

　　福尔摩斯、华生和悠悠在书吏的办公室搜寻线索，他们发现有人把墨水泼在了纸上。干这件事的人一定不喜欢纸上写的内容，所以想要用墨水毁掉它。

　　拿出你的过滤镜，找出墨迹里所有的字，和墙上的字一一对照，看看墨迹里多了哪两个字。

华生刚刚找到了一幅被撕碎的画，也许这里藏着线索。

帮华生按正确的顺序拼好这幅画，并把序号写在圆圈内。然后拿出你的过滤镜和破译金字塔，根据图画的正确排列顺序，把每块碎片下方的图形替换成破译金字塔上对应的拼音字母，再加上声调，看看能获得什么信息。

这幅画正确的排列顺序是什么？

根据图画下面的图形，你破译出了哪个词语？

线索3

把你找到的信息写下来：

这是第3条线索。它能帮你排除第27页某个人的嫌疑。

答案

谜题4

华生去询问书吏的学生，也许能获得新的线索。

快拿出你的过滤镜，帮华生查看书吏的学生说了什么。把这4句话填写到下面的空格里，黄色格子组成的句子将是一条重要信息。

写下你找到的句子：

线索4

把你找到的信息写下来： ⋯⋯⋯⋯⋯⋯⋯

⋯⋯⋯⋯⋯⋯⋯⋯⋯⋯⋯⋯⋯⋯⋯⋯

这是第4条线索。它能帮你排除第27页某个人的嫌疑。

答案

侦探们还在书吏的办公室寻找线索，这时书吏急急忙忙地跑进来。

将下面两个对话框中的汉字上下交错组合起来（第一个字是"我"），帮福尔摩斯理解书吏说的话。提示：标点符号也要写下来哦。

书吏的噩梦
调查结果

　　华生将王室成员都邀请过来，并请他们先做自我介绍。此时，福尔摩斯思索着已经掌握的线索……

　　根据第 22—26 页找到的线索，将嫌疑人逐一排除，找出在王室家族故事上乱写乱画的家伙。

线索1:

线索4:

线索2:

线索5:

线索3:

答案:

惊慌失措的木乃伊制作者

太乱了! 木乃伊制作者的工作用品被翻得乱七八糟, 他都无法正常工作了。必须找到弄乱这些东西的人, 并让他把物品整理回原来的样子。幸好有福尔摩斯前来查案, 当然, 福尔摩斯也需要你的帮助。

谜题1

破坏者是在木乃伊制作者离开工作间的时候弄乱这些东西的。拿出你的过滤镜, 根据红色阴影中的提示, 重新排列木乃伊制作者说的话, 看看能获得什么线索。

木乃伊制作者说什么了?

和	在	正	她
女	案	我	是
清	发	时	不
洁	工	说	话

线索1

把你找到的人写下来:

这是第1条线索。它能帮你排除第33页某个人的嫌疑。

答案

木乃伊制作者说的只有这句话:"这个人!"

木乃伊制作者会夜观星象，他发现星星里藏着一条线索并指给华生看。

快拿出你的破译金字塔，帮华生找出信息。从黄色边框的星星开始，按照箭头顺序把星星里的图案替换为破译金字塔上对应的拼音字母，再加上合适的声调，就能获得一位无辜者的信息。

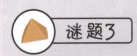

　　悠悠又和王宫里的猫碰面了，它真是一副无精打采的样子啊。不过悠悠不放弃任何机会，希望猫能提供有用的信息。

　　拿出你的破译金字塔，把对话框中的数字替换成对应的拼音字母，再加上合适的声调，看看猫说了什么。

此时，福尔摩斯和华生正打算找王后了解情况，但是她还在睡午觉。侦探们在王后的化妆间等候着，福尔摩斯无意中发现镜子上有一条被擦了一半的留言。仔细观察这些字，请你帮助福尔摩斯读懂它。

线索4

把你找到的信息写下来：_____

这是第 4 条线索。它能帮你排除第 33 页某个人的嫌疑。

答案

王后终于睡醒了。福尔摩斯想知道王后这一天的日程安排，希望能获得有价值的线索。

拿出你的过滤镜，帮华生看看王后的柜子上都有什么。

惊慌失措的木乃伊制作者
调查结果

福尔摩斯和华生把王宫里的工作人员召集过来，先请他们依次做自我介绍。此时，福尔摩斯在思考调查的结果。

根据第 28—32 页找到的线索，将嫌疑人逐一排除，找出那个乱翻东西的人。

我是法老的鳄鱼看护人。

我是王后的私人理发师。

我是法老的厨师。

我是王宫里的园丁。

我是法老的车夫。

我是王宫里的女清洁工。

线索1：

线索4：

线索2：

线索5：

线索3：

答案：

干涸的绿洲

沙漠里的骆驼客不知所措,绿洲的饮水槽中空空如也,他和他的骆驼都无水可饮。福尔摩斯、华生和悠悠知道后立即赶来了解情况,你也快来和侦探们一起展开调查吧!

? 谜题1

绿洲的饮水槽没水了,不只骆驼客遭殃,生活在这里的许多动物都口渴难耐。骆驼客告诉侦探们他经历的事情,也许是条重要线索。把对话框中的字重新组成一句话,开头是"我看到……"。

喝 看 找 蛇 在
到 也 我 水

骆驼客说了什么?

线索1

把你找到的动物写下来:

这是第1条线索。它能帮你排除第39页某只动物的嫌疑。

🔍 答案

幸好悠悠观察得非常仔细，它在地上发现了许多脚印。
拿出你的过滤镜，帮助悠悠识别这些脚印。

图中是否有以下动物的脚印？

鳄　鱼：　有　　没有
骆　驼：　有　　没有
羚　羊：　有　　没有
耳廓狐：　有　　没有

线索2

把没有留下脚印的动物写下来：
————————————————
这是第2条线索。它能帮你排除第
39页某只动物的嫌疑。

答案

谜题3

终于找到一小片池塘，岸边的猴群吸引了福尔摩斯的注意。猴子们七嘴八舌地向侦探们提供线索，但只有一只猴子说的是真话。

只有一只猴子可以在池塘中找到与它自己完全重合的影子，就是这只猴子说了真话。找到它，再用过滤镜看看它说了什么。

线索3

把你找到的信息写下来：——————————
——————————————————
这是第 3 条线索。它能帮你排除第39 页某只动物的嫌疑。

答案

悠悠看到一只埃及鸻（héng）在绿洲中闲逛。它决定上前询问，看看在骆驼客发现饮水槽没有水之前埃及鸻在做什么。

拿出你的破译金字塔，把对话框中的图形替换成对应的拼音字母，再加上合适的声调，看看埃及鸻说了什么。

埃及鸻说了什么？

线索4

把你找到的信息写下来：＿＿＿＿＿＿

这是第4条线索。它能帮你排除第39页某只动物的嫌疑。

案件 **6**

干涸的绿洲
调查结果

悠悠将 5 只嫌疑动物聚集到一起。但想知道是谁制造了这个坏玩笑并不简单。

根据第 34—38 页找到的线索，将嫌疑动物逐一排除，找出是谁排空了绿洲中的饮水槽。

单峰驼

羚羊

蛇

耳廓狐

鳄鱼

线索1:

线索2:

线索3:

线索4:

答案:

答案

船长简直不敢相信自己的眼睛，昨晚他的船帆竟然被偷了。他立即向福尔摩斯、华生和悠悠求助，当然，他们也需要你的帮助。

谜题1

船长急着提供线索，结果说话语无伦次。

拿出你的过滤镜，把船长的话从最后一个字开始向前读，就能明白他说了什么。

船长说了什么？

线索1

把你找到的信息写下来：

这是第1条线索。它能帮你排除第45页的一个嫌疑犯。

答案

华生四处观察，在河对岸发现了一座写着数字的金字塔。金字塔上左右相邻的两个数字之和，是上面那块石头上的数字。

请你帮华生把空缺的数字补全。

红圈处的数字是多少？

线索2

把你找到的数字写下来：

这是第 2 条线索。它能帮你排除第 45 页的一个嫌疑犯。

答案

侦探们来到狮身人面像前，它似乎在给福尔摩斯传递什么信息。

拿出你的破译金字塔，把对话框中的图形替换成对应的拼音字母，再加上合适的声调，看看狮身人面像说了什么。

答案

在距离狮身人面像不远的地方有两座巨大的雕像，它们似乎是一样的，但好像又有所不同……

睁大你的双眼，帮悠悠找出这两座雕像的不同之处。

这两座雕像一共有几处不同呢?

线索4

把你找到的数字写下来：⋯⋯⋯⋯⋯⋯⋯

⋯⋯⋯⋯⋯⋯⋯⋯⋯⋯⋯⋯⋯⋯这是第 4 条线索。它能帮你排除第45 页的一个嫌疑犯。

答案

一共有3处不同。可以排除一个叫阿西的队员。

尼罗河里的一条鳄鱼朝岸边游过来，这让华生医生有些不安……原来它也想做证人，特地来给侦探们提供线索。

我和它一起吃了饭！

它的名字是三个字，快来猜一猜。

第一个字的谜语是：

一根木棍，吊个方箱，

一把梯子，搭在中央；

第二个字的谜语是：

"泡泡"没有水；

第三个字的谜语是：

打断念头。

右边对话框里的字谜，你猜出来了吗？

第一个字是：

第二个字是：

第三个字是：

线索5

把你找到的线索写下来：

这是第5条线索。它能帮你排除第45页的一个嫌疑犯。

答案

船帆盗窃案
调查结果

　　船长想起来，他在案发当晚看到一个木乃伊从船上逃跑。于是，福尔摩斯把与案件相关的木乃伊召集过来，其实对谁是偷盗者的问题他心里已经有了答案。请你汇总证据，帮福尔摩斯证实他的判断。

　　根据第40—44页找到的线索，将嫌疑犯逐一排除，找出偷盗船帆的木乃伊。

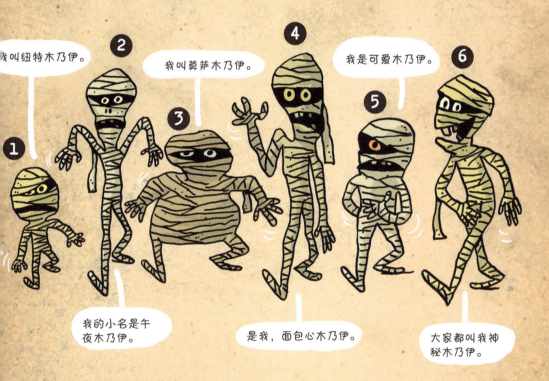

线索1:	线索4:
线索2:	线索5:
线索3:	答案:

答案

案件 **8**

舞者的怪病

　　演出临时取消！王后对此非常失望。取消的原因是所有舞者都莫名其妙地病了。当务之急是确定舞者们的病因，再对症下药进行治疗，但是医生们的诊断却不一致……幸好有华生医生参与调查，不过，他也需要你的帮助。

? 谜题1

给第一位舞者做完检查后，华生在笔记本上记录下诊断结果。
拿起你的书，走到镜子前，从镜子里读一读华生笔记本上的字。

华生在笔记本上写了什么？

_____

线索1

把你找到的信息写下来：

_____

这是第1条线索。它能帮你排除第51页一位医生的诊断。

🔍 答案

当华生在给舞者做检查的时候，福尔摩斯询问王宫里的女清洁工，希望她能提供有价值的线索。

拿出你的过滤镜和破译金字塔，把对话框中的数字替换成破译金字塔上对应的拼音字母，再加上合适的声调，看看女清洁工说了什么。

女清洁工说了什么？

线索2

把你找到的信息写下来：＿＿＿＿＿＿
＿＿＿＿＿＿＿＿＿＿＿＿＿＿＿＿＿＿＿＿
这是第2条线索。它能帮你排除第51页一位医生的诊断。

答案

福尔摩斯让悠悠找青蛙询问线索。这两只青蛙还真的有信息要告诉悠悠，它们你一言我一语地说了起来。

把下面两个对话框中的汉字上下交错组合起来（第一个字是"这"，第二个字是"里"，以此类推），看看青蛙们说了什么。

答案

　　福尔摩斯继续在王宫里寻找线索，他走到王宫守卫面前，但感觉和他们交流并不容易……

　　将下图中 7 把矛所指方向上的字母全部画掉（如下图，左上角那把矛指向的 5 个方格中的字母都应画掉），再拿出你的过滤镜，把剩下 5 个方格中的拼音字母分别按照从左到右的顺序写下来，加上合适的声调，看看能组成哪个词语。

福尔摩斯还要见最后一位证人，希望法老的鳄鱼能提供新的线索……

用你的过滤镜观察红色阴影，把阴影中和福尔摩斯笔记本上相同的字画掉，剩下的 3 个字可以组成一种动物的名字，你找到了吗？

剩下的 3 个字能组成哪种动物的名字？

线索5

把你找到的信息写下来：

这是第 5 条线索。它能帮你排除第 51 页一位医生的诊断。

答案

50

舞者的怪病
调查结果

　　王宫里的 6 位医生都对舞者进行了问诊，但医生们的诊断结果却大相径庭，幸亏华生医生揭开了这个谜团。快找到做出正确诊断的医生，舞者们正等着做治疗。

　　根据第 46—50 页找到的线索，将医生们的诊断逐一排除，找到做出正确诊断的医生。

线索1: ＿＿＿＿＿＿＿＿＿　　线索4: ＿＿＿＿＿＿＿＿＿

线索2: ＿＿＿＿＿＿＿＿＿　　线索5: ＿＿＿＿＿＿＿＿＿

线索3: ＿＿＿＿＿＿＿＿＿　　答案: ＿＿＿＿＿＿＿＿＿

答案

熄灭的灯塔

发生了前所未有的事情: 亚历山大灯塔居然熄灭了! 民众们都惊恐万分。究竟是谁熄灭了灯塔? 福尔摩斯、华生和悠悠正赶往案发现场, 他们需要你一起来找出肇事者, 并重新点亮灯塔。

  **谜题1**

灯塔看守人和他的猫先来提供证词。拿出你的过滤镜和破译金字塔, 把对话框中的图形替换成破译金字塔上对应的拼音字母, 再加上合适的声调, 看看猫说的是谁。

猫说的是谁?

线索1

把你找到的信息写下来:

这是第1条线索。它能帮你排除第57页的一个嫌疑犯。

答案

村民们你一言我一语，争先恐后地说着他们看到的事情。福尔摩斯和华生听不懂他们在说什么。快拿出你的过滤镜，帮侦探们找出线索。

仔细观察红色阴影中的图案，数一数哪种图案的数量比较多。

哪种图案的数量比较多？

线索2

把你找到的信息写下来：⋯⋯⋯⋯⋯⋯⋯

⋯⋯⋯⋯⋯⋯⋯⋯⋯⋯⋯⋯⋯⋯⋯⋯⋯⋯⋯

这是第2条线索。它能帮你排除第57页的一个嫌疑犯。

答案

孩子们没有那么多顾虑，灯塔熄灭了，他们反而以此为乐，玩儿起了猜谜游戏。4 个孩子中只有 1 个孩子说的是真话，是谁呢？

用你的过滤镜读一读 4 个对话框里的句子，根据每个孩子的姿势找到与之对应的对话框，再按照灯塔看守人给出的线索，找出那个说真话的孩子。

这是第 3 条线索。它能帮你排除第 57 页的一个嫌疑犯。

据说面包师有重要线索，福尔摩斯和华生立即赶到面包房。

拿出你的过滤镜和破译金字塔，把对话框中的图形替换成破译金字塔上对应的拼音字母，再加上合适的声调，看看面包师说了什么。

熄灭的灯塔
调查结果

　　侦探们的调查进展顺利，所有嫌疑犯都被召集过来，是时候揭开这个谜团了。

　　根据第 52—56 页找到的线索，将嫌疑犯逐一排除，看看到底是谁熄灭了亚历山大灯塔上的蜡烛。

线索1:	线索4:
线索2:	答案:
线索3:	

答案

是谁下的毒

法老的每道食物都会有人试菜，以便确认没有被投毒。试菜人尝了今天的午餐后病倒了！法老马上请福尔摩斯和华生来调查，当然侦探们也需要你的帮助，一起来侦破这起投毒案吧！

？ 谜题1

华生问试菜人是否尝出了什么味道。

把对话框中的字重新组成一句话，开头是"我没有……"，帮华生理解试菜人说的话。

味 没 到 我 椒
辣 尝 道 有 的

试菜人说了什么？

线索1

把你找到的食材写下来：

这是第1条线索。它能帮你排除第63页的一种物料。

答案

华生还没来得及做完记录，王后就气势汹汹地走过来。华生太紧张了，以至于没能听明白王后的话，你能帮帮他吗？

拿出你的破译金字塔，将对话框中的字母替换成破译金字塔内层上对应的字母，你会得到一组汉语拼音，再加上合适的声调，就能知道王后说了什么。（例：将 Y 换成 B，将 X 换成 A，组合成 bǎ。）

福尔摩斯觉得木乃伊制作者也许能为他们的调查助一臂之力，因为他对毒性物品有比较深入的了解。木乃伊制作者指着标有字母C的篮子，示意福尔摩斯可以从这里入手……

帮福尔摩斯找到和篮子C有同样物品的第二个篮子，记下篮子上的字母；接着找到和第二个篮子有共同物品的第三个篮子，找到第三个字母。以此类推，按顺序记下你找到的五个字母，看看能组成哪个英文单词。

谜题4

园丁对毒性植物了如指掌，所以福尔摩斯和华生找到园丁了解情况。

拿出你的过滤镜观察红色阴影区域，按序号把每个汉字的拼音写在对应的方格内，分别将黄色方格里的拼音字母按从上到下的顺序组合起来，想一想，这是哪种东西的拼音。

① j i à n

我每天都会数它们的数量，以确认是否有人偷采。

黄色方格里的拼音是什么？你想到了哪种东西？

线索4

把你找到的词语写下来：

这是第4条线索。它能帮你排除第63页的一种物料。

答案

61

悠悠找到了画家。刚好，福尔摩斯也想找他了解情况。

　　拿出你的破译金字塔，把对话框中的图形替换成破译金字塔上对应的拼音字母，再加上合适的声调，看看画家在墙上写了什么。

案件 ⑩

是谁下的毒
调查结果

　　因为在菜里发现了红色的酱汁，所以悠悠把能找到的红色物品都带来了。接下来就要确定是什么物料让试菜人生病。

　　根据第 58—62 页找到的线索，将下面的可疑物料逐一排除，看看到底是什么东西险些让法老中毒。

线索1:

线索2:

线索3:

线索4:

线索5:

答案:

答案 🔍

版权登记号 图字 19-2023-031 号

©Larousse 2022（Les 10 enquêtes mystérieuses de Sherlock Holmes en Egypte）
The Simplified Chinese translation rights is arranged through RR Donnelley Asia
（www.rrdonnelley.com/asia）

图书在版编目（CIP）数据

埃及奇案 /（法）桑德哈·勒布伦编 ;（法）洛伊克·
梅黑绘 ; 李丹译. — 深圳 : 深圳出版社，2024.3
（少年大侦探 : 福尔摩斯探案笔记）
ISBN 978-7-5507-3387-9

Ⅰ . ①埃… Ⅱ . ①桑… ②洛… ③李… Ⅲ . ①智力游
戏 — 少年读物 Ⅳ . ① G898.2

中国国家版本馆 CIP 数据核字（2023）第 209401 号

埃及奇案
AIJI QI'AN

出 品 人　聂雄前
责任编辑　吴一帆
责任校对　张丽珠
责任技编　陈洁霞
装帧设计　米克凯伦

出版发行　深圳出版社
地　　址　深圳市彩田南路海天综合大厦（518033）
网　　址　www.htph.com.cn
订购电话　0755-83460239（邮购、团购）
排版制作　深圳市童研社文化科技有限公司
印　　刷　中华商务联合印刷（广东）有限公司
开　　本　787mm×1092mm　1/16
印　　张　4.5
字　　数　50 千字
版　　次　2024 年 3 月第 1 版
印　　次　2024 年 3 月第 1 次
定　　价　39.80 元

一起玩转

少年大侦探·福尔摩斯探案笔记
全系列！

● 小小侦探

《农场奇案》《城堡迷案》
《草原疑案》

建议阅读年龄：5岁以上
重点考验能力：观察力、
专注力、识数、迷宫

● 经典探案

《环球追捕》《惊天迷案》
《十大案件》《跨时空探案》
《奇妙调查》《埃及奇案》

建议阅读年龄：7岁以上
重点考验能力：拼音、算术、
信息处理、线索分析

● 高阶挑战

《追查凶手》

建议阅读年龄：8岁以上
重点考验能力：阅读理解、逻辑推理

侦探们的旅程还在继续，更多新书敬请期待……

你是不是把所有案件都解决了？
那么，是时候给你颁奖了！

最佳侦探奖状

表彰 ....

....

....

致以最诚挚的敬意！
福尔摩斯

Sherlock Holmes